ALESSANDRO GANGARELLA   MARCELLO FIORENTINO

SOLDATI ALLE ARMI
MONS 1914

CONTRIBUTI CRITICI IN APPENDICE DI

Franco Ragni

Giuseppe Festino

FESTINA LENTE
EDIZIONI

INDICE

Volume realizzato col patrocinio di

© 2019 Festina Lente Edizioni di Marco Mari
Via Ferrariola, 34 - 44124 Ferrara

www.festinalenteedizioni.it
info@festinalenteedizioni.it

MONS
1914

MONS 1914

TESTO E DISEGNI: ALESSANDRO GANGARELLA

DA UNA PARTE, L'ESERCITO INGLESE GUIDATO DAL GLORIOSO ENRICO V.

DALL'ALTRA PARTE, LA GRANDE ARMATA FRANCESE AGLI ORDINI DEL "PAZZO" CARLO VI.

CLA
NG

LA SETE DI CONQUISTA CONTRO LO SPIRITO D'INDIPENDENZA.

SEBBENE I FRANCESI FOSSERO MOLTO PIÙ NUMEROSI, FU UN ALTRO IL FATTORE CHE FECE LA DIFFERENZA...

... LA STRATEGIA.
CINQUEMILA ARCIERI INGLESI COPRIRONO L'AVANZATA DELLA FANTERIA CON I LORO LUNGHI ARCHI.
IL CIELO FU OSCURATO DALLE FRECCE.
I FRANCESI FURONO SPIAZZATI.
GRAZIE AI SUOI VALOROSI ARCIERI ENRICO V COLSE UNA GLORIOSA VITTORIA E...

SBAM
ADESSO BASTA, HARPER!

QUESTA TRINCEA NON SI SCAVA DA SOLA!
MENO CHIACCHIERE E PIÙ OLIO DI GOMITO!

S-SCUSATE, CERCAVO SOLO...

LO SAPPIAMO CHE TI PIACE LA STORIA, MA OGGI SIAMO NEL 1914, RICORDI? DAMMI UNA MANO, SPOSTIAMO QUESTI SACCHI!
SÌ, SUBITO!

UFF! DOVEVAMO PROPRIO VENIRE FINO IN BELGIO PER FARE TUTTA QUESTA DANNATISSIMA FATICA?
NON CE LA FACCIO PIÙ!

PREFERIVI SGOBBARE NEI CAMPI IN INGHILTERRA, GORDON?

A ME PIACE QUI, LE COLLINE DI MONS SONO BELLISSIME...

ALLORA SARAI CONTENTO DI FARNE PRESTO DA CONCIME!
PIANTALA, MILLER. DATTI DA FARE, PIUTTOSTO.

TI VA UNA GALLETTA, THOMAS?
CERTO, GRAZIE.

NON SEI UN PO' GIOVANE PER ESSERE UN VOLONTARIO?
VORREI DARE ANCH'IO IL MIO CONTRIBUTO...

TI CAPISCO, NOI INGLESI SIAMO COSÌ: DANNATI PAZZI SUICIDI! AH-AH-AH!
IN REALTÀ IO SONO QUI SOLO PER GLI SCAVI, QUESTA SERA TORNERÒ ALLA BASE, IN CITTÀ.

PECCATO, TI PERDERAI I FUOCHI D'ARTIFICIO!

QU-QUANDO PENSATE CHE ATTACCHERANNO?
CHI PUÒ DIRLO... FORSE DOMANI, FORSE TRA DIECI SECONDI, MA DI CERTO QUEI MALEDETTI CRUCCHI ATTACCHERANNO MOLTO PRESTO...

E NOI LI RICACCEREMO COME RATTI ALLE LORO LURIDE TANE!

NON ESSERNE TROPPO SICURO, GORDON.

GIÀ. SE FOSSE COSÌ FACILE NON SAREMMO NEMMENO QUI ADESSO.

ANDIAMO, RICHARDS, SAPPIAMO TUTTI CHE QUEI DANNATI "POILUS" NON SANNO NEMMENO ALLACCIARSI I CALZARI DA SOLI!

FIGURIAMOCI SE SONO IN GRADO DI COMBATTERE GLI UNNI! AH-AH-AH!

I-IO CREDO CHE NON DOVREMMO SOTTOVALUTARE COSÌ IL NEMICO...

È DI NUOVO UBRIACO.

E DAI, GORDON, NON RICOMINCIARE.

ASCOLTAMI BENE, HARPER.

NON MI SONO CERTO ARRUOLATO PER PERMETTERE A UN POPPANTE COME TE DI DIRMI COSA FARE O COSA NON FARE, CAPITO?!
DICEVO SOLO CHE...

CALMA, GORDON.

RIMETTIAMOCI AL LAVORO, PIUTTOSTO, PRIMA CHE ARRIVI IL SERGENTE.
PUAH...

UFFICIALE IN ARRIVO!

PRESTO, IN RIGA! MUOVITI, HARPER!

BUONGIORNO, SIGNORINE.
STUMP

TUTTO BENE?
NON STARETE FATICANDO TROPPO, MI AUGURO...

RICHARDS! PERCHÉ DIAVOLO LA TRINCEA NON È ANCORA FINITA?

MI DISPIACE, SIGNORE! LE GARANTISCO CHE AVREMO FINITO IN DUE ORE, TRE AL MASSIMO!

VE NE DO UNA, E PREGATE DI FINIRE IN TEMPO O SARANNO GUAI!
SISSIGNORE!

RIPOSO, SIGNORINE, RIPOSO. HO UNA NOVITÀ PER VOI.

IL SOLDATO HOWARD ERA DI SCORTA ALLA MITRAGLIATRICE N. 8...
MA STAVA STUDIANDO IL CAMPO DI BATTAGLIA UN PO' TROPPO DA VICINO, E ORA IL SUO CERVELLO È SPARSO UN PO' OVUNQUE.

COME TI CHIAMI, SOLDATO?

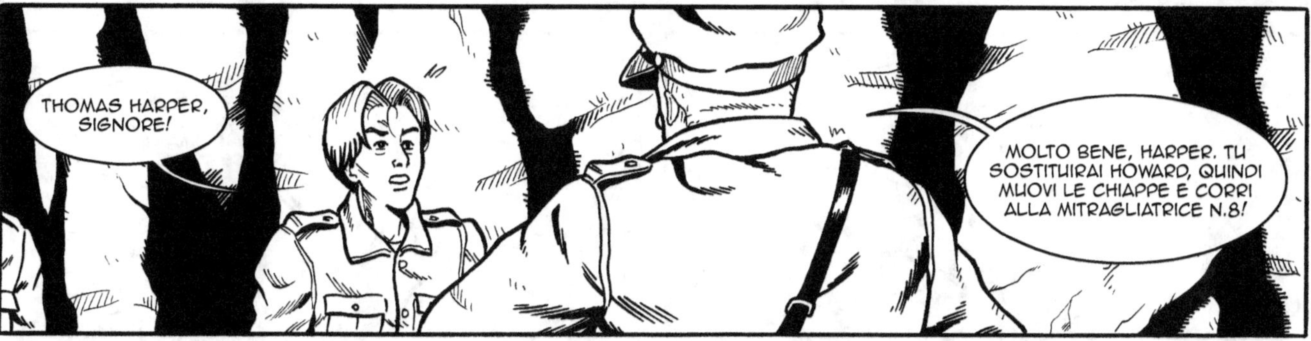

THOMAS HARPER, SIGNORE!
MOLTO BENE, HARPER. TU SOSTITUIRAI HOWARD, QUINDI MUOVI LE CHIAPPE E CORRI ALLA MITRAGLIATRICE N.8!

M-MA SIGNORE, IO NON...

NON HO CHIESTO IL TUO PARERE, HARPER.

SE CI TIENI ALLA PELLE SAPPI CHE QUEI DANNATI UNNI SONO ZUCCHERINI PARAGONATI AL SOTTOSCRITTO! INTESI?

AGLI ORDINI, SIGNORE!
BRAVA RAGAZZA, E ADESSO...
SERGENTE!

DI NUOVO LUI, NON È POSSIBILE!

SCUSI, SERGENTE, SONO DEL GIORNALE "THE EVENING NEWS", PERMETTE QUALCHE DOMANDA?

TI PERMETTO DI SPARIRE SUBITO DALLA MIA VISTA, PRIMA DI ESSERE USATO COME CIBO PER CORVI!
NON ABBIAMO TEMPO DA PERDERE QUI, DANNAZIONE!

E VOI TORNATE AL LAVORO, BRANCO DI DONNICCIOLE!

ACCIDENTI, HARPER, DALLE RETROVIE AL BEL MEZZO DELLA PRIMA LINEA! MI DISPIACE PER TE...

PIUTTOSTO, IL MITRAGLIERE ALLA N.8 NON È QUEL NASH?
AH-AH! GIUSTO! ALLORA VEDRAI CHE GLI UNNI TI STARANNO PRESTO SIMPATICI AL CONFRONTO!

P-PERCHÉ?
NON STARLI A SENTIRE, THOMAS.

È MEGLIO CHE TU VADA, ORA. BUONA FORTUNA.

THOMAS!
THOMAS, DOVE SEI?
AH, ECCOTI QUI!
COSA C'È, MAMMA?
È TARDI, VIENI DENTRO.
TUO PADRE STARÀ PER RINCASARE.
MA IO VOGLIO GIOCARE ANCORA, MAMMA!
POTRAI GIOCARE CON I TUOI SOLDATINI DOMANI, CARO.

CHE BUON PROFUMO, COS'HAI PREPARATO PER CENA?

SORPRESA! ABBIAMO UN OSPITE, OGGI.

UN OSPITE? E CHI È, MAMMA?
CARA, SONO TORNATO!

CIAO, THOMAS!
PAPÀ!

AH...

SIGNOR CARSON!

TU SEI HARPER?

SÌ, TU SEI NASH? IL SERGENTE MI HA DETTO...
ASCOLTAMI BENE, RAGAZZO.

HAI MAI USATO UNA DI QUESTE?

S-SÌ, DURANTE L'AD-DESTRAMENTO...

DUNQUE SAI GIÀ COSA DEVI FARE?

RICARICARE LE MU-NIZIONI E GESTIRE IL RAFFREDDAMENTO.
TUMP

BENE, ALLORA LIMITATI A QUELLO E NON FARE NIENTE DI STUPIDO.
GLI EROI FINISCONO MALE DA QUE-STE PARTI.

E ADESSO AIUTAMI A SISTEMARE, PRIMA CHE FACCIA BUIO.

GIÀ SVEGLIO, RAGAZZO?
IN VERITÀ NON HO RIPOSATO MOLTO. E TU COME MAI NON DORMI? ORMAI STA PER ALBEGGIARE...

IO DETESTO DORMIRE... E CI VUOLE CORAGGIO PER ADDORMENTARSI IN QUESTO PORCILE.

PENSI CHE ATTACCHERANNO PRESTO, NASH?

CERTO CHE SÌ.
IL LORO TANFO È GIÀ NELL'ARIA, NON LO SENTI?

M-MA NON HAI PAURA?
NON VUOI TORNARE DALLA TUA FAMIGLIA?

NON CREDO DI CAPIRE...
NON POSSO PIÙ TORNARE DA LORO. NON IN QUESTA VITA.

LASCIA STARE, LE STORIE TRISTI NON PIACCIONO A NESSUNO.
TU INVECE? SEI APPASSIONATO DI STORIA, MI HANNO DETTO.

GIÀ, TROVO MOLTO STIMOLANTE IMPARARE DAI PROPRI ERRORI... E PENSARE CHE ADESSO, QUI, NOI STIAMO FACENDO LA STORIA MI ELETTRIZZA!

GLI UOMINI NON IMPARERANNO MAI, RAGAZZO.
NEMMENO TRA ALTRI 1900 ANNI.

PUÒ DARSI, MA NON SCORDARE...
ASPETTA, ZITTO! SENTO QUALCOSA...
SQUIT SQUIT
SQUITT

SQUIIT
SQUIITT
MERDA!

C-COS...?
A TERRA!

KABOOM

GRADISCI ALTRA PIETANZA, VINCENT?

NO, GRAZIE. ERA TUTTO SQUISITO E ABBONDANTE, COME AL SOLITO.

ALLORA, VECCHIA ROCCIA, QUANDO TI TRASFERISCI IN CITTÀ?
PAF

ANCORA CON QUESTA STORIA? LO SAI CHE...

LO SO, LO SO: QUESTA È LA CASA DI TUO PADRE E DA QUI NON TI MUOVI.
ANDIAMO, PETER! NON ABBIAMO PIÙ VENT'ANNI, NON PUOI FARE IL CONTADINO PER SEMPRE!

NON PREOCCUPARTI, STO BENE QUI... E POI FRA QUALCHE ANNO ANCHE THOMAS MI AIUTERÀ.

DICO BENE, FIGLIOLO?

CERTO, PAPÀ!

E TU CHE MI DICI? COME VANNO LE COSE AL MUSEO?

NON MI LAMENTO. I VISITATORI NON MANCANO.

MI FA PIACERE!

SIGNOR CARSON, DOPO MI PARLA ANCORA DELLE CROCIATE?
THOMAS, DÀ UN PO' DI TREGUA AL SIGNOR CARSON.

AH-AH! NO, NESSUN PROBLEMA! SEI SEMPRE APPASSIONATO DI STORIA EH, GIOVANOTTO?

PRIMA PERÒ VORREI PROPORTI UNA COSA.

SO CHE DOMENICA È IL TUO COMPLEANNO: CHE NE DIRESTI DI VENIRE A FAR VISITA AL MIO MUSEO?
TI PIACEREBBE, THOMAS?

HARPER!
HARPER!

ANDIAMO, HARPER! IN PIEDI, FORZA!

URGH...

A-ARRIVO!

PRESTO! TUTTI IN POSIZIONE!
APRITE IL FUOCO! FUOCO!

MUOVITI, HARPER!

ECCOMI!

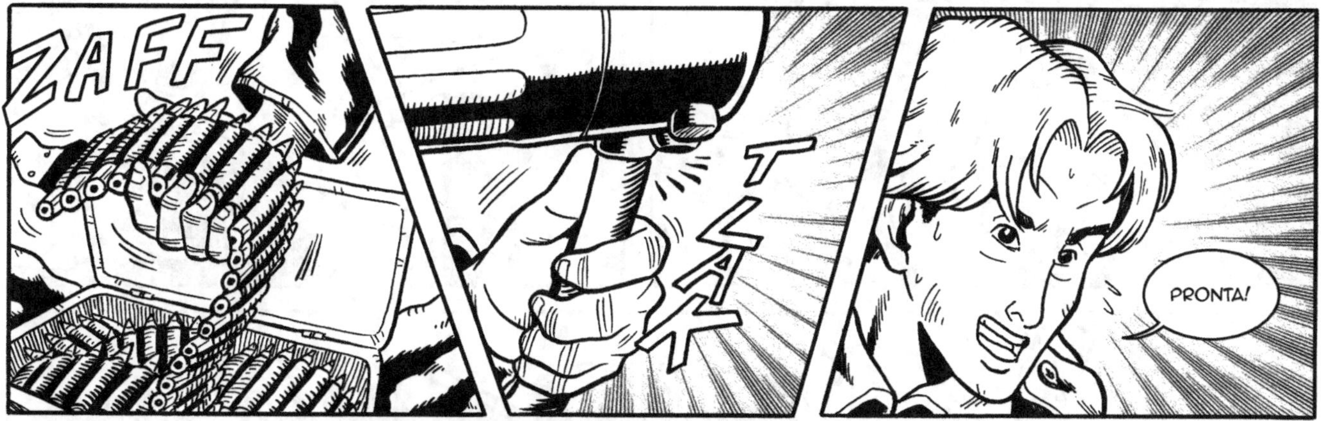

ZAFF
TLAK
PRONTA!

CLICK

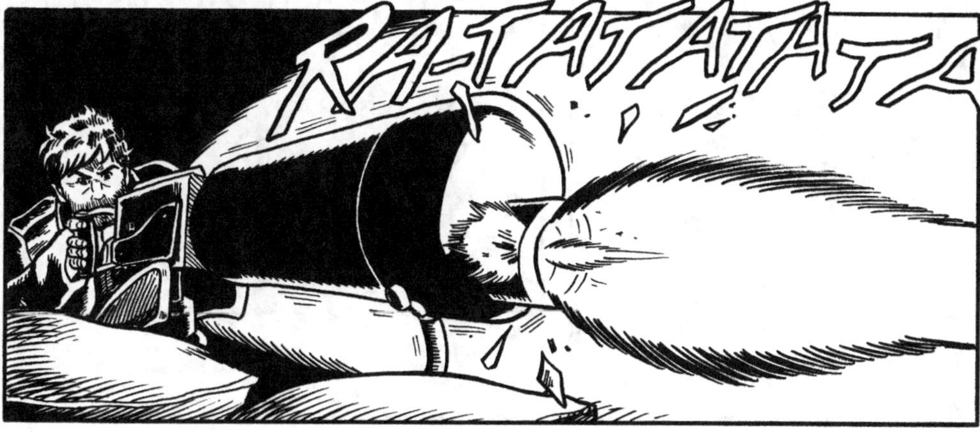

RA-TA-TA-TA-TA

TA TA TA TA TA TA TA TA TA
GUARDA! VANNO VERSO IL PONTE!

NON CAPISCO, SONO TROPPO INCOLONNATI... CHE RAZZA DI ATTACCO È MAI QUESTO?

TA TA TA

TA TA TA TA TA TA TA TA

!!

GUARDA, NASH! CE L'HAI FATTA!

SI STANNO RITIRANDO!

NON SI STANNO RITIRANDO, MA SOLO RIORGANIZZANDO.

A-ALLORA CONTINUA A SPARARE!

NON POSSO RISCHIARE DI SURRISCALDARLA! TORNERANNO PRESTO, E NON SARÀ COSÌ FACILE QUESTA VOLTA!

MALEDETTI...

FORZA, PREPARA ALTRE MUNIZIONI!
D-D'AC-CORDO...

ANCHE VOI, RIMANETE TUTTI IN POSIZIONE!
SÌ!

ALLORA? CHE NE DICI, THOMAS?

I-IO, DAVVERO?

CERTO! SE TUO PADRE È D'ACCORDO, OVVIAMENTE.

POSSO ANDARE, PAPÀ? TI PREGO, POSSO?

A PATTO CHE TU SIA BRAVO E CHE AIUTI SEMPRE LA MAMMA, INTESI?

LO PROMETTO! GRAZIE, PAPÀ!
GRAZIE, SIGNOR CARSON!
PAT

EVVIVAAAA!

AH-AH! SE I RAGAZZI FOSSERO TUTTI COSÌ, SAREI MILIARDARIO!

CHI SONO TUTTE QUESTE PERSONE, PAPÀ?

LA CITTÀ È PIENA DI PERSONE, THOMAS. ALCUNI VIVONO QUI, ALTRI CI VENGONO SOLO PER LAVORARE.

GUARDA, SIAMO ARRIVATI AL MUSEO.

CIAO, THOMAS! TI ASPETTAVO!

ALLORA MI RACCOMANDO, TORNERÒ A PRENDERTI QUESTA SERA.
SÌ, PAPÀ!

CORAGGIO, TUFFIAMOCI NELLA STORIA!
SISSIGNORE!

ECCOLI!

GUARDA! ADESSO LA FORMAZIONE D'ATTACCO È MOLTO PIÙ APERTA!

BANG
BANG
BANG

ORA SÌ CHE CI SIAMO...

IN POSIZIONE... FUO...

BOOM
ARGH!

DANNAZIONE! DEVONO AVERCI PUNTATO!

AAAAHH!
BOOOM!

NASH! QUI SALTIAMO IN ARIA! COSA PENSI DI FARE?!

CONTINUARE A SPARARE, RAGAZZO...

DOBBIAMO TENERE IL PONTE!

YAAAAAHHH!
TA TA TA TA TA TA TA TA TA TA TA TA TA
VAI COSÌ!

MALEDIZIONE!

!!
BANG

STHUD

NASH! NO!

DIAVOLO, HARPER, NON PENSARE A ME... D-DEVI TENERE IL PONTE...

MA GLI ALTRI PONTI SA-RANNO GIÀ CADUTI! DEVO PORTARTI VIA!
KABOMM
BANG

D-DIAMINE, HARPER! I-IL PONTE... PREST... UH...

NASH...
ZAFF
MALEDETTIIIII!
TATATATATATATATATATATA
HANF HANF
C-CE L'HO FATTA...
KABOMM
!!
AARGH!
DANNAZIONE... NON POSSIAMO RESISTERE ANCORA PER MOLTO!

E QUESTA INVECE...

È LA MIA PARTE PREFERITA: LA GUERRA DEI CENT'ANNI!

OOOH!

FANTASTICO!

COS'È QUESTA, SIGNOR CARSON?

QUELLA È LA BATTAGLIA DI AZINCOURT, 1415. UN GRANDE VANTO PER NOI INGLESI, THOMAS.

PENSA CHE UN MIO VECCHIO AVO L'HA COMBATTUTA!

IN QUESTA BATTAGLIA L'ESERCITO INGLESE SCONFISSE I FRANCESI GRAZIE AI SUOI FENOMENALI ARCIERI, SEBBENE I NEMICI FOSSERO DIECI VOLTE SUPERIORI IN NUMERO.
DAVVERO? E COSA È SUCCESSO?
DIECI VOLTE... WOW!
E SI DICE CHE GLI SPIRITI DEGLI ARCIERI CADUTI VEGLINO ANCORA OGGI SU DI NOI INGLESI...
QUINDI SIAMO INVINCIBILI, SIGNOR CARSON?
AH-AH! SPERIAMO, RAGAZZO! SPERIAMO...
SI È FATTO TARDI, PURTROPPO. TUO PADRE TI STARÀ GIÀ ASPETTANDO QUI FUORI, FIGLIOLO.

RITIRATA!
TA TA TA
BOOM
RITIRATA!
BANG BANG
BANG BANG

THOMAS!

DOBBIAMO RITI-RARCI! I FRANCESI SUL FRONTE DESTRO SONO IN ROTTA!

URGH! ARRIVO!
BLAM

SBRIGATI!
DEVO SOLO PRENDERE UNA COSA!

AARGH!

EHI, CHE SUCCED...
ZOMP

NO...
SZOCK
NON È POSSIBILE.

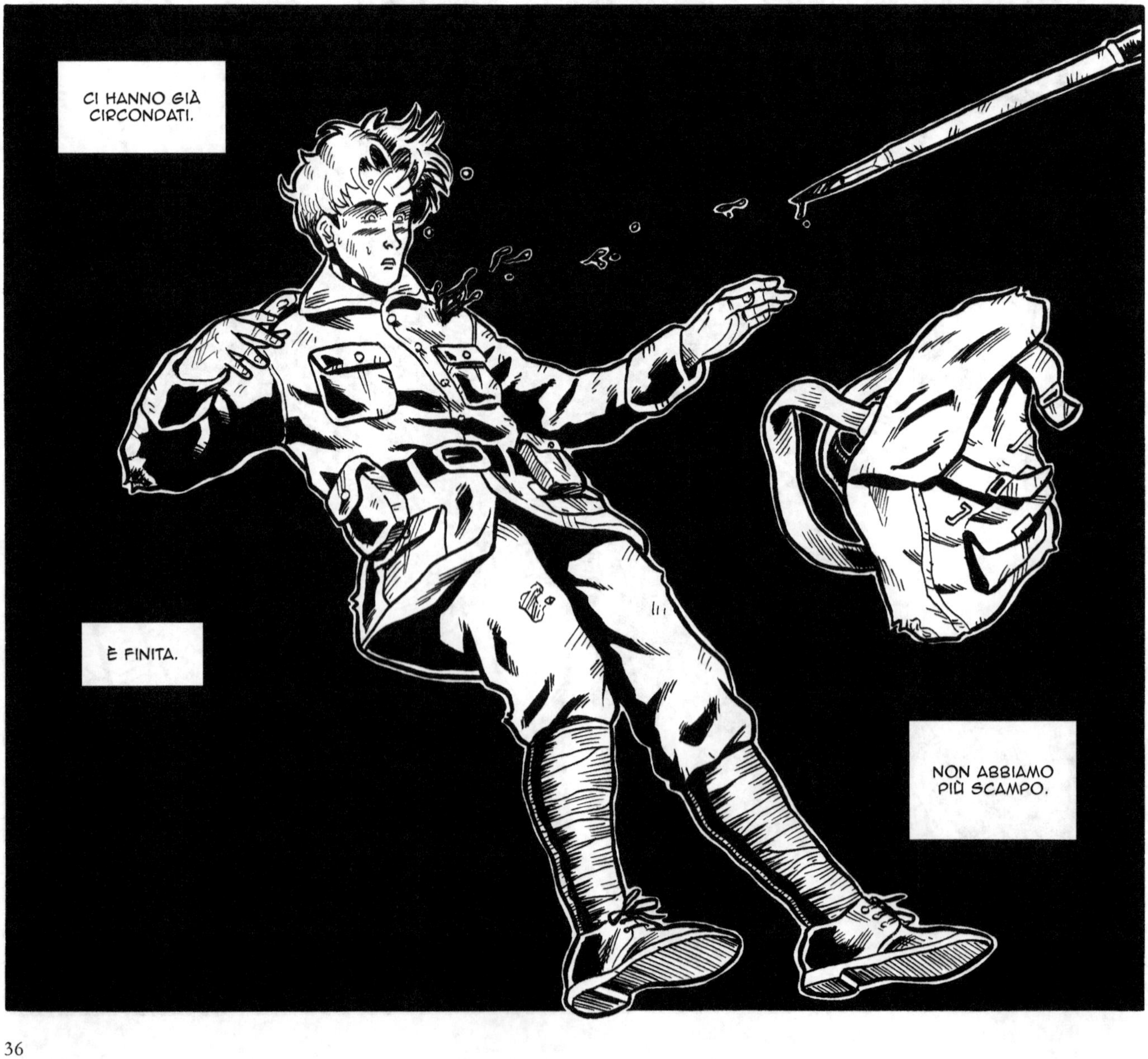

CI HANNO GIÀ CIRCONDATI.
È FINITA.
NON ABBIAMO PIÙ SCAMPO.

STUD

SBAM
CHE STRANO...

TUTTI DICONO SEMPRE CHE, QUANDO STAI PER MORIRE, TI PASSA DAVANTI AGLI OCCHI TUTTA LA TUA VITA.
MA IN QUESTO MOMENTO...
MI VIENE IN MENTE SOLO QUELLA FRASE SCRITTA SUI PIATTI DI QUEL RISTORANTE TIPICO, QUANDO MIO PADRE MI PORTÒ GIÙ IN CITTÀ.
NON SO DIRE IL PERCHÉ.

"POSSA SAN GIORGIO AIUTARE SEMPRE GLI INGLESI."

?

MA IO VOGLIO SAPERE ANCORA TANTE COSE...
NON PREOCCU- PARTI, POTRAI TOR- NARE OGNI VOLTA CHE VORRAI.

DAVVERO?

CERTO! DAM- MI LA MANO ORA, VOGLIO FARTI UN REGALO.

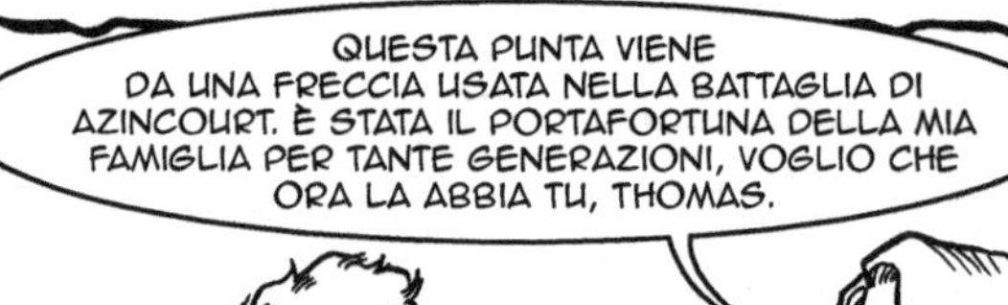

QUESTA PUNTA VIENE DA UNA FRECCIA USATA NELLA BATTAGLIA DI AZINCOURT. È STATA IL PORTAFORTUNA DELLA MIA FAMIGLIA PER TANTE GENERAZIONI, VOGLIO CHE ORA LA ABBIA TU, THOMAS.

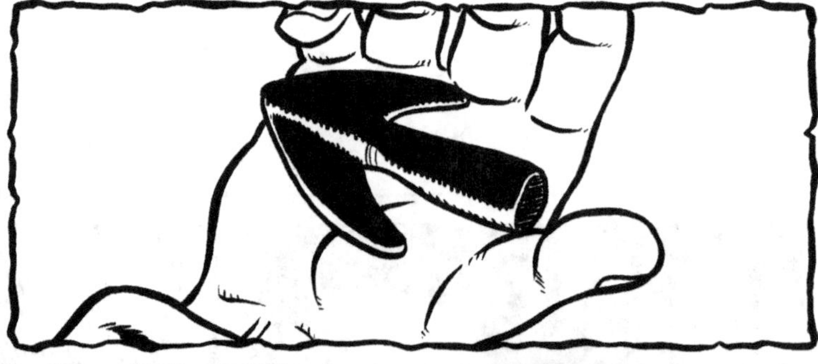

WOW...

È FAN- TASTICO! GRAZIE, SIGNOR CARSON!
GIURO CHE LA PORTERÒ SEMPRE CON ME!

FLASH
WHAM

!!

CRAKK

RRRUUMBLE

?!

M-MA...
MA CHE...

WOOOOSHH

TLAC

KREEEEEEAK

FLASH

BOOM
BZLOTT
SBRAS
SZOK
BLAM

SZOCK
ZAK

BLAM
BOOM
BOMM
BLAM
UGH...

N-NON POSSO CRE-DERCI...

SI STANNO RITIRANDO!

SZOCK

SIAMO SALVI...

Adsit Anglis Sanctus Georgius...
WOOOSHH

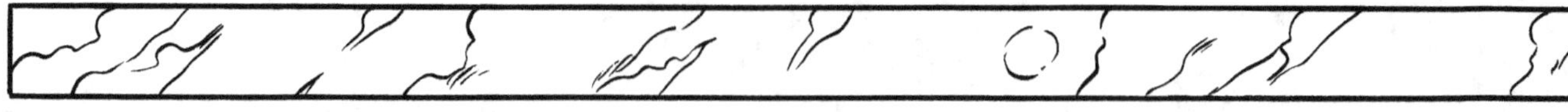

N-NO, FERMI! ASPETTAT... URGH!

STLIMP
AH!
AH!

AH...

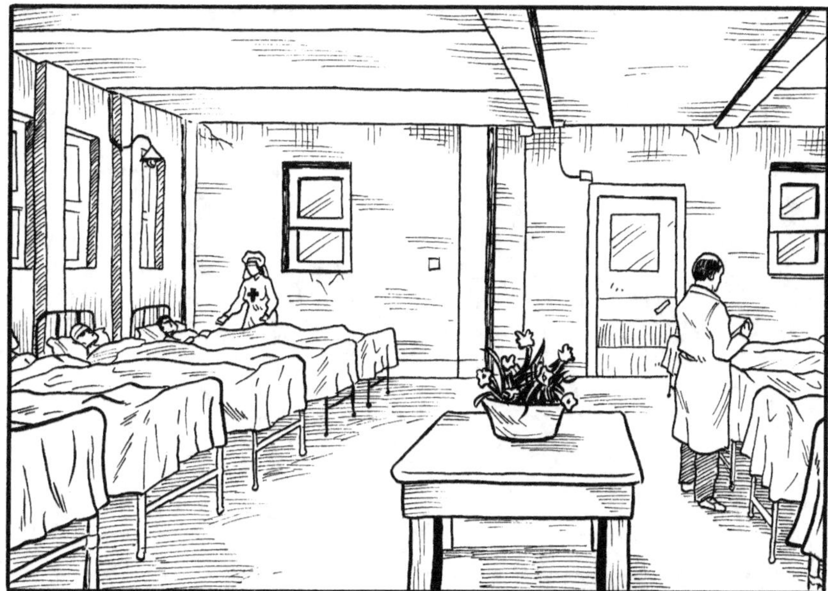

AAAH!

CALMATI, SEI AL SICURO ADESSO.
ANF
ANF
ANF

MA... MILLER! RICHARDS! NON POSSO CREDERCI, SIETE VIVI!

GIÀ, NON SO COME, MA È COSÌ.

COSA È SUCCESSO? LA BATTAGLIA?

LA BATTAGLIA È FINITA, THOMAS. GLI UNNI SI SONO RITIRATI.

MA... RICORDO CHIARAMENTE CHE ERAVAMO ORMAI CIRCONDATI...

INFATTI, NESSUNO HA UNA SPIEGAZIONE.
FATTO STA CHE LA NOSTRA RITIRATA HA AVUTO SUCCESSO. CREDEVO DI ESSERE MORTO...

ALLORA È ACCADUTO DAVVERO, SONO STATI LORO...

LORO? DI CHI PARLI, RAGAZZO?

GLI ARCIERI! CI HANNO SALVATO LORO!

??

HO L'IMPRESSIONE CHE TU ABBIA PRESO UNA BELLA BOTTA IN TESTA, HARPER.
EH?

MA NO, NON LI AVETE VISTI? SONO USCITI DAL CIELO E...

!!
URGH!

ECCO, CERCA DI RILASSARTI, INVECE DI VANEGGIARE...
TAP
TAP

N-NO... LI HO VISTI, VI DICO...

MI SCUSI, SONO DEL GIORNALE "THE EVENING NEWS".
MI PARE DI CAPIRE CHE LEI HA ASSISTITO A QUALCOSA, LÀ FUORI...

S-SONO STATI GLI SPIRITI... CI HANNO SALVATO LORO...

SPIRITI? INTENDE TIPO DEGLI ANGELI?

S-Sì... NO, NON PROPRIO...
AZINCOURT... GLI ARCIERI DI AZINCOURT...

CREDO DI NON CAPIRE COSA...
SONO USCITI DAL CIELO E... F-FRECCE DI LUCE... URGH!

LA PREGO, ADESSO BASTA! HA BISOGNO DI RIPOSARE!

UHM...

EHILÀ, THOMAS!

COME STA IL TUO BRACCIO?

MOLTO MEGLIO, GRAZIE. HOP!

MENO MALE, ANCORA QUALCHE GIORNO E SARAI DI NUOVO IN FORMA.

GUARDA: HANNO RIPORTATO ARMI E OGGETTI DAL FRONTE. CREDO CHE QUESTA SIA TUA.

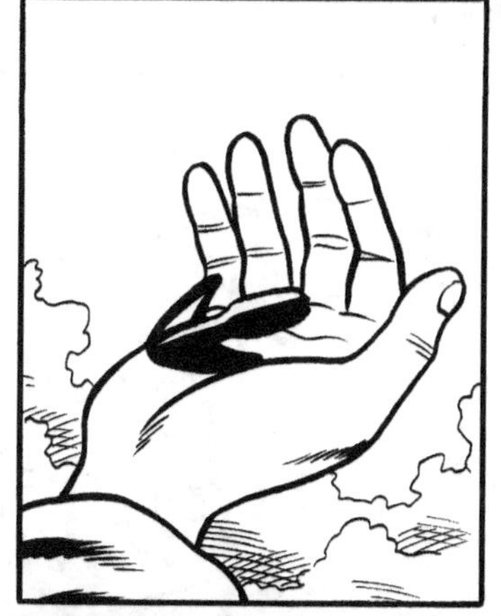

GRAZIE. CREDEVO ORMAI DI AVERLA PERDUTA.

CARO PAPÀ...

ORA MI SENTO PIÙ TRANQUILLO.

IL SIGNOR CARSON AVEVA RAGIONE.

NON SO SE SIAMO DAVVERO INVINCIBILI...

MA È CERTO CHE ABBIAMO UNA SCORTA SPECIALE DI ANGELI CUSTODI!
The Evening News
WAR LATE EXTRA
BRITISH SAVED BY ANGELS
by ARTHUR MACHEN
FINE

SOLDATI ALLE ARMI

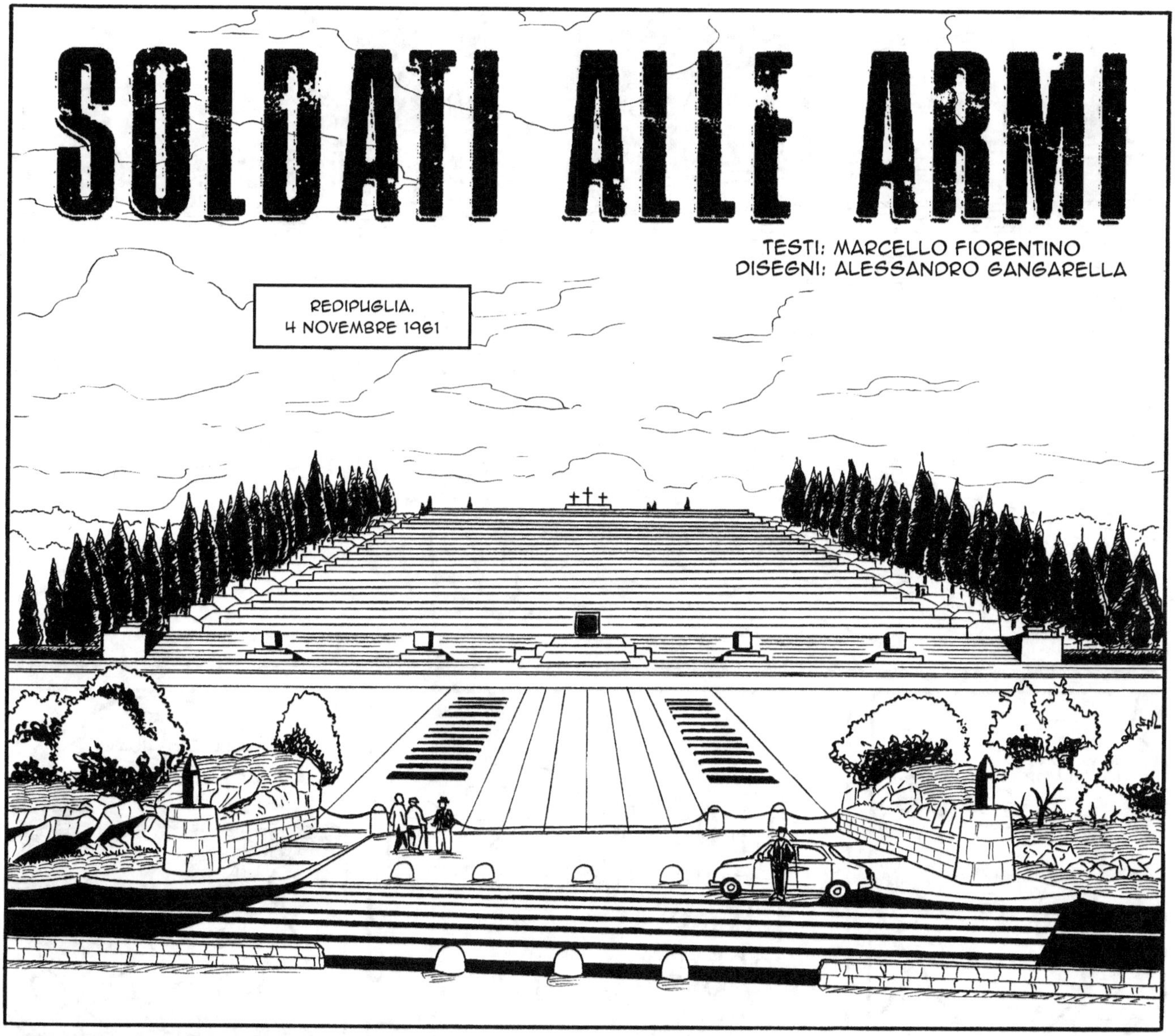

SOLDATI ALLE ARMI

TESTI: MARCELLO FIORENTINO
DISEGNI: ALESSANDRO GANGARELLA

TE PRESENTE PRESENTE PRESENTE
NONNO...

TUTTI QUESTI NOMI SONO DI UOMINI MORTI?
SÌ, FIGLIOLO.

E QUELLO?
TENENTE FRANZOSI CARLO 14° BERSAGLIERI

QUELLO È L'UOMO CHE CI HA PERMESSO DI ESSERE QUI OGGI, RAGAZZO.

COME TUTTI GLI ALTRI SCOLPITI NELLA PIETRA, SOTTO QUELLE TRE CROCI MAESTOSE CHE VEDI LAGGIÙ.
E COSA SONO QUELLE PAROLE "PRESENTE" CHE SI RIPETONO ALL'INFINITO?

VOGLIONO DIRE CHE TUTTI I "RAGAZZI" QUI RI-CORDATI HANNO FATTO IL LORO DOVERE. SEMPRE PRESENTI. SINO A SACRIFICARE LA PROPRIA VITA.

24 OTTOBRE 1917. TUTTA LA IV BRIGATA, 14^ REGGIMENTO BERSAGLIERI, DIFENDE TENACEMENTE LA LINEA DEL FRONTE PRESSO STUPIZZA, AI PIEDI DEL MONTE MATAJUR.
L'ESERCITO ITALIANO È IN ROTTA SU TUTTO IL FRONTE E SOLO POCHE COMPAGNIE TENTANO UNA STRENUA DIFESA IN ATTESA DI ORDINI.
CAPITANO, QUI LA SITUAZIONE È GRAVE! RESISTIAMO SOLO IO E POCHI UOMINI, IL RESTO DEL BATTAGLIONE È ALLO SBANDO!
RITIRATA COMPLETA, TENENTE. RIPETO: RITIRATA COMPLETA.
MA CAPITANO, SE RIUSCISSIMO A TENERE IL PONTE SUL NATISONE...
ABBANDONATE STUPIZZA E SEGUITE IL RESTO DELLA COMPAGNIA.

NEGATIVO, L'ORDINE È RIPIEGARE. IL NEMICO HA SFONDATO OVUNQUE, IL MATAJUR È PERSO. SI MUOVA, FRANZOSI, SE VUOLE RIPORTARE IL CULO A CASA!

BENE, CAPITANO. ABBANDONIAMO IL PONTE.
LO FACCIA SUBITO, O VERRÀ FATTO PRIGIONIERO CON TUTTI I SUOI SOLDATI!

COME TI CHIAMI, SOLDATO?
GIUSEPPE, MA A PADOA ME CIAMANO BEPI, SIOR TENENTE. COMANDI.
BENE, BEPI, RACCOGLI TUTTO E ANDIAMOCENE. RICHIAMIAMO I SOLDATI, FUGGIREMO SULLA STRADA PER CIVIDALE.

FASSO PRESTO E ME MOVO. QUA ME SA CHE SE NO CATEMO EL MOMENTO PER DARSELA A GAMBE, FASEMO NA BRUTA FINE.

IL NEMICO, AVENDO CAMPO LIBERO, AVANZA CON LE MASCHERE ANTIGAS, COPERTO DALL'ARTIGLIERIA.
BANG
BANG
FSSHH
LE NUVOLE DI GAS SI RIVELANO ESSERE LETALI.

BANG
BN
I BERSAGLIERI CADONO SOTTO I COLPI DEI FUCILI NEMICI E DEL GAS.

I MORIBONDI, POI, VENGONO FINITI COL COLPO DI GRAZIA.
ZACK

UCCIDETELI TUTTI, NON FATE PRIGIONIERI.
SISSIGNORE.

FRUSH
MH?

MA QUELLO...

NON È POSSIBILE! L'HO TROVATO, FINALMENTE! È PROPRIO LUI!

UOMINI! DA QUESTA PARTE, PRESTO! INSEGUITE QUEGLI ITALIANI!

CI HANNO SCOPERTO! CORRETE, FORZA!

BANG
PRESTO, DA QUESTA PARTE!

CI NASCONDEREMO IN QUELLA CHIESETTA!

SIOR TE-NENTE? MA SEMO TUTI MATI A VOLER INTRAR IN 'STA CÉSA? VA BEN CHE CHI TROPO SE TIRA INDRIO FINISSE COL CULO IN RIO, PERÒ...

PARLI TROPPO, GIUSEPPE. ZITTI ADESSO!

EHILÀ, ITALIANI? FIGLIOLI, VENITE, PRESTO! PER DI QUA!

SCENDETE QUI SOTTO, LA CRIPTA VI SALVERÀ.
NE È SICURO?

CERTO, ANCHE UN ALTRO SOLDATO HA TROVATO RIPARO QUA SOTTO.

TROVERETE CO-PERTE, VIVERI E SO-PRATTUTTO UNA VIA DI FUGA. E ADESSO FATE SILENZIO.

EHI, MA TU...
FRANCESCO!

SLAM
!!

CRAKLE

TU, PRETE, AFERE FISTO SOLDATEN ITALIANEN?
NO, NON SO NULLA DI SOLDATI!
TU MENTIRE, STUPIDO ITALIANEN! ESSERE PRETE AUSTRIACO, MA TRADITORE!

SCIUR TENENT, CHI ME PAR CHE A FEM LA FIN DI RAT IN TRAPULA... SE FEM CUSE?
TRANQUILLI, CE LA CAVEREMO. DOBBIAMO SOLO ASPETTARE IN SILENZIO.

IO SONO SOLO UN RELIGIOSO DI CAMPAGNA!
TU ESSERE COME QVEL CESARE BATTISTI, LUI IMPICCATO COME TRADITORE! TU NON SALVARE TUA VITA, CAPIRE ADESSO?

LUI SARÀ RICORDATO PER SEMPRE, HA FATTO CIÒ CHE HA POTUTO E CHE HA SCELTO! VOI INVECE SARETE SOLO E DIMENTICATO DA TUTTI!

COSA NE FACCIAMO, TENENTE?
UCCIDETELO.

BANG
!!

SIENA, SETTEMBRE 1917.
TENUTA DI CAMPAGNA DELLA FAMIGLIA BRANDINI.

LA GUERRA È IN STALLO. CHE NE PENSA, COLONNELLO?
CHE VINCEREMO. CON I NOSTRI UFFICIALI E SOLDATI BEN MOTIVATI LI SPAZZEREMO VIA DALLE VENEZIE E DAL TRENTINO.

EPPURE LE NOTIZIE DAL FRONTE NON SONO PROPRIO INCORAGGIANTI. VERO, SOTTOSEGRETARIO?
INFATTI. LA RUSSIA È ALLO SBANDO CON QUEL LENIN, SI LIBERERÀ IL FRONTE ORIENTALE. A TORINO E MILANO GLI OPERAI MINACCIANO SCIOPERO. LA PROPAGANDA DISFATTISTA È PIÙ VIVA CHE MAI.

A ME GIUNGONO TESTIMONIANZE DI LETTERE INIQUE E FALSE INVIATE DAL FRONTE. PER FORTUNA LA CENSURA È FORTEMENTE IMPEGNATA E LIGIA AL FERREO CONTROLLO... MA COSA NE PENSA IL NOSTRO EROE?

CHE LA GUERRA È COMPLICATA. IO LO SO, OGNI GIORNO DEVO FARE I CONTI CON IL DOVERE E LA PAURA DELLA MORTE.
È NECESSARIO VINCERE, MA ANCHE CAPIRE LE SOFFERENZE CHE LA GUERRA PORTA ALL'UOMO.

HO QUI UNA LETTERA DI UN MIO SOLDATO ALLA MADRE, NATURALMENTE CENSURATA. ASCOLTATE.

"I GIORNALI DICONO CHE I SOLDATI AL FRONTE STANNO BENE, MANGIANO E BEVONO. VORREI FAR PROVARE AI SIGNORI D'ITALIA CHE RIDONO AL CAFFÈ QUANDO LEGGONO DI VITTORIE DI SOLDATI ITALIANI... SE VEDESSERO PER UN SOLO MINUTO LE COSE CHE TOCCANO AI POVERI SOLDATI, SCAPPEREBBERO SOTTO TERRA."
UN ANNO DI RECLUSIONE AL MITTENTE.

ECCO, POI CI SI METTONO LE MOGLI, LE MADRI E QUELLE LAMENTOSE SUFFRAGETTE.

SARÀ PERCHÉ, CARO COLONNELLO, IN ASSENZA DI UOMINI ORA DOBBIAMO SVOLGERE MANSIONI CHE VOI RITENETE PREROGATIVA MASCHILE.

LA VERITÀ, CONTE, È CHE I GIOVANI NON SONO PIÙ QUELLI DI UNA VOLTA. E PERCIÒ, DA PARTE MIA, NON GODONO CERTO DELLA MIGLIOR STIMA.

FORSE, LA CAUSA DI TANTO ASTIO NEI CONFRONTI DI NOI GIOVANI, STA PROPRIO NELLA PAURA CHE LA NOSTRA VOGLIA DI CAMBIAMENTO SIA TALMENTE FORTE DA TRAVOLGERE IL PASSATO.
CLAK

ECCONE UN ALTRO!
NON ABBIA TIMORE, COLONNELLO. E TU, PADRE, NON DUBITARE. SARÒ DEGNO DEL NOME CHE PORTO E TORNERÒ A CASA CON UNA MEDAGLIA, IN MODO CHE I PRESENTI NON POSSANO CHIAMARMI CODARDO!

CARLO, TU CONOSCI BENE FRANCESCO. VORREI CHE GLI STESSI ACCANTO. È UN INCAUTO INCOSCIENTE, È ANCHE UN IRRESPONSABILE... MA È SEMPRE MIO FIGLIO.
NON SO COSA POTRÒ FARE AL FRONTE.

HAI NOTATO IN CHE CONDIZIONI ERA QUESTA SERA? TEMO CHE LA SUA ARROGANZA E PRESUNZIONE GLI FACCIANO FARE DELLE SCIOCCHEZZE AL FRONTE, IN QUESTA GUERRA CHE SEMBRA NON AVERE MAI FINE.

LA GUERRA FINIRÀ E FRANCESCO TROVERÀ IL GIUSTO MOMENTO PER DIVENTARE UN UOMO.
LO SPERO DAVVERO. AH, GLI OSPITI SE NE SONO ANDATI. FIGLIOLO, TU E VIRGINIA GODETEVI QUESTA SERATA... E DOMANI NON DIRLE ADDIO, LE SPEZZERESTI IL CUORE...

DUNQUE, TESORO, CHE ORE SONO? POSSIAMO ANDARE SE VUOI, VORREI VEDERE SIENA IN QUESTA MERAVIGLIOSA SERATA.

SONO LE NOVE. POSSIAMO ANDARE.

A TENÉ, QUA NUN SE SENTE NULLA. PER ME SE SO' SQUAIATI TUTTI, POTEMO PURE DA' N'OCCHIATINA.
SE APRIAMO QUELLA BOTOLA MORIREMO. IL CRUCCO NON FA PRIGIONIERI, E IO DEVO RIPORTARVI A CASA. PERCHÉ NON CI CONOSCIAMO UN PO' MEGLIO, VISTO CHE STAREMO INSIEME PER UN PO'?

ALLORA, TENENTE, COSSA FEMO? DE SURA NON MIAGOLA NIANCA UN GATO, SEMO ANCORA COSTRETI IN 'STA PRESON?
HAI SEMPRE DA DIRE LA TUA, VERO? FRANCESCO È FERITO, MA POSSIAMO USCIRE VIVI DA QUI.

IO ME CHIAMO GIULIO MORETTI, MA A ROMA ME CHIAMANO "ER MORETTO" PER VIA D'ER CIUFFO CHE PORTO. O MEJO, CHE PORTAVO PRIMA D'ANNÀ SOTTO L'ARMA...

BEPI LO CONO-SCIAMO, IO SONO IL TENENTE CARLO FRANZOSI E QUESTI È IL TENENTE FRANCE-SCO BRANDINI. E TU, LÌ DIETRO?

MI ME CIAMI STEFANO CATTANEO E VEGNI DE MILAN. TENENT, LA ME SCUSA, MI SON OMO DE POCHE CIARLE, MINGA COM UL PADOVAN, SA? MI ME FIDI MINGA DEL TUDESC PERCHÉ LA MALERBA L'È QUELA CHE CRESS, E QUEL LÀ DE SURA ME PAR PROPRI 'NA MALERBA.

BENE, SIGNORI. NOI SIAMO QUEL CHE RESTA DELLE NOSTRE UNITÀ, GLI ALTRI SONO MORTI O PRIGIONIERI. IL PRETE HA DETTO CHE C'È UNA VIA D'USCITA QUI SOTTO. DOBBIAMO TROVARLA PER RENDERE ONORE AL CORPO DEI BERSAGLIERI E PER STARE ALLA LARGA DALLA MALERBA, COME DICE CATTANEO.

MORETTI, TU AIUTAMI COL FERITO. VOI ALTRI INVECE PROVATE A SPOSTARE L'ARMADIO. MI RACCOMANDO PERÒ FATE PIANO.

PORCA VACA, SIOR TENENTE! GAVEMO CATÀ LA BALA D'ORO!
DERVÉLA, PEPIN!

PRESTO! PRENDIAMO IL TUNNEL, SPERANDO DI NON FINIRE IN BRACCIO AI CRUCCHI. PRENDETE TUTTO QUELLO CHE PUÒ ESSERE UTILE.

SEMBRA CONDURRE VERSO IL BOSCO, LÀ TROVEREMO UN NASCONDIGLIO.

ECCO, DI LÀ! CI NASCONDEREMO IN QUELLA GROTTA SUL CROSTONE DELLA MONTAGNA. STAREMO ASCIUTTI E RIPARATI, NON CI TROVERANNO.

COME STAI?
LA GAMBA... MI DUOLE...

LO CREDO BENE, HAI PERSO MOLTO SANGUE. PER FORTUNA IL PROIETTILE NON HA LESO LE ARTERIE...
COME SIAMO ARRIVATI QUI?

QUEL RAGAZZONE LAGGIÙ. NON È UNO DEI MIEI, MA DEVE AVERE MOLTI ANNI DI NAIA ALLE SPALLA. DELLA COMPAGNIA NON È RIMASTO ALTRO, HANNO SPAZZATO VIA TUTTO. UN DISASTRO. CAPORETTO LA RICORDEREMO PER MOLTO TEMPO, CARO FRANCESCO.

E LA TUA COMPAGNIA, INVECE?

"NOI ERAVAMO SULL'ALTRO LATO DELLA MONTAGNA, DOVEVAMO COPRIRE LA RITIRATA DELLA FANTERIA DI PRIMA LINEA, PER RITARDARE L'AVANZATA NEMICA."

BOOM
SBRAMM
"MA IL CAMPO FU PRESO DI MIRA DA UN BOMBARDAMENTO TATTICO. AEROPLANI E NEMICI DA OGNI PARTE, UN INCUBO."

"NON ERANO SOLO AUSTRIACI, HO VISTO DIVISE DI TEDESCHI, DI UNGHERESI... COME DIAVOLO POTEVAMO RESISTERE?"

"IO SONO RIMASTO A TERRA FERITO, MA LI VEDEVO E... URGH!"

ORA CALMATI, CREDO TU ABBIA LA FEBBRE. FAMMI VEDERE LA FERITA.
UGH... MORIRÒ!

NON MORIRAI.
INVECE SÌ, E NON POTRÒ CHIEDERE SCUSA A MIO PADRE PER LA MIA PRESUNZIONE...
CI PENSERAI DOMANI.

MORETTI, VIENI A VEDERE E DIMMI COSA NE PENSI.

SOR TENE', PERCHÉ ME LO STA A CHIEDE' PROPRIO A ME?
HO L'IMPRESSIONE CHE TU ABBIA GIÀ AVUTO SIMILI ESPERIENZE...

ALLORA? CAUTERIZZIAMO?
SÌ, FOCO E BAIONETTA. ANZI, MEJO UN BOSSOLO.

VEDRÀ CHE LO SISTEMAMO 'STO REGAZZINO. UN PO' SCIUPATO LO È, MA ER PEGGIO NUN È MAI MORTO.
TLIK

E VOI DATECE 'NA MANO A TENELLO FERMO.
FSSS

KRSHH

A REGA' TENEMOLO FERMO VE DICO, EH...

AAAHH!
VROOM

ARGH!
!!
ALT! SILEN-ZIO!

CI HANNO SENTITO! SU, RACCOGLIAMO TUTTO E MUOVIAMO IL CULO SE NON VOGLIAMO FARE LA FINE DEL PRETE! FORZA, DOBBIAMO PROSEGUIRE...

DOVE SIETE DIRETTI, TENENTE?
STIAMO DANDO LA CACCIA AD ALCUNI ITALIANI, SIGNORE.

ABBIAMO ORDINI PRECISI DI RAGGIUNGERE UDINE.

I SOLDATI ITALIANI MORIRANNO DI FAME...

QUESTI SONO I MIEI ORDINI, TENENTE.
AGLI ORDINI, CAPITANO.

GRRR...

SARETE MIEI, MALEDETTI. VIVI O MORTI.

TEMPO DOPO. VIGILIA DI NATALE 1917.

LAGGIÙ, UNA CASA! DOBBIAMO RAGGIUNGERLA PRIMA DI DIVENTARE DEI DANNATI GHIACCIOLI!

UUUUHHHH

A TENE' QUELLI CE SBRANANO VIVI! CE DOVEMO MOVE'!
MOTIVO IN PIÙ PER CHIEDERE ASILO IN QUELLA CASA!

E SE POI CE TROVAMO IN BOCCA A LI TEDESCHI?
ANDRÒ PRIMA IN PERLUSTRAZIONE, SE TUTTO VA BENE VI FARÒ UN SEGNALE CON LA LAMPADA A OLIO.

TENENT, LA ME SCUSA, MA PREFERISSI ANDA' MI, LU L'È TROP IMPURTANT PER TUTTA 'STA CUMPAGNIA DE MATT. DONCA, VU MI.

COME VUOI, CATTANEO, IL TUO CORAGGIO MI RENDE FIERO. QUANDO ARRIVI CONTROLLA E FACCI UN SEGNO CON QUESTA.
SCIUR TENENT.

È IL SEGNALE! VIA LIBERA!
FLASH

SOLDATO!

POSA QUEL FUCILE, PRIMA DI FARTI MALE, E CHIAMA SUBITO I TUOI COMPAGNI PRIMA CHE QUEL BRANCO DI LUPI SE LI DIVORI PER CENA!

GGRRR

FORZA, CORRETE! E NON SPARATE O CI SENTIRANNO!

GRROAR

FRANCESCO, MUOVITI!

A PENSAR MAL NO SE FALA MAI, E MI PENSI CHE RESTAREM SENZA UFFIZIALI! SPAREMO! SU, SPAREMO, ORCO BOIA, SE NON LI VOLEMO VEDER MORTI!

E-EHI! ASPETTA, IL TENENTE HA DETTO DI NON SPARARE!
GRAB

IO NON PRENDO ORDINI DA NESSUNO.

BLAM
CAII

DA-DANNA- ZIONE! SPARATE, SPARATE!
BANG
BANG

NOOOO!
CAII
WOFF

BANG BANG

BANG
SONO LORO, SÌ, SONO LORO!

L'È PROPRI BELA 'STA MADUNINA. LA ME PAR QUELA DEL DOM DE MILAN...

ME RICORDA LA MIA FAMEJA... LA MIA MIJÈ LA ME DISEVA SEMPER: "A NATAL HIN TUCC FRADEJ, MA A SAN STEVEN TIREN GIÀ FOEURA I CORTEJ..."

MILANO. OTTOBRE 1916.

S'È SUCCESS, TERESA, CHE TE SE PRESENTET CHI A L'USCITA DELA FABRICA?
TOH! CIAPA 'STA CARTULINA: DUMAN AL CUMAND DI CARAMBA.

PORCA L'OCA! CIAPALA DE PEE E CIAPALA DE COO RESTA SEMPER 'NA FREGADURA! E UL SCIOPERI DE DUMAN?

TE PENSET SEMPER AGLI UPERARI, A LA FABRICA, UL SCIOPERO! SANTA VERGINE! A 'STA TUSA E 'STI DÒ FIOEU TI CE PENSI MINGA MAI, VERO?!

MA L'È PROPRI PER LA MARIUCCIA, PEPIN E UL CARLETT CHE ME SBATTI IN FABRICA A...

A FAR PULITICA E CASOTT! ALTRO CHE LA TUA CA'. CUN TRE FIOEU TE PUTEVET STAR CHI A MILAN, E INVECE...

BERSAGLIER! PRESENTAS AL CUMANO DI CARAMBA DE TREVIS ENTRO DUMAN SIRA. PORCO BOIA, CHE FREGADURA!

MARZO 1918.
CHE NE PENSI? ITALIANI?
SONO NEMICI, FRANCESCO. PRENDIMI UNA CARTINA.
SEMPRE LÌ A MASTICARE QUALCOSA, EH BOTTAN?
TENENT, LA ME SCUSA, MI MAGNO PE' RINGRASSIA' QUEL VECIO CHE GÀ FATO LA CORTESIA DE POTER SOPRAVVIVERE AL FREDO E A LA FAME IN 'STI TRI MESI...
TU MANGI E PARLI TROPPO, BOTTAN.
DUNQUE?
QUEL GRUPPO DI CASE LAGGIÙ SEMBREREBBE GEMONA, E QUELLO LÌ IL TAGLIAMENTO. SARÀ IMPOSSIBILE ATTRAVERSARLO COL DISGELO, SENZA PARLARE DEI CRUCCHI. SARÀ ALMENO UNA COMPAGNIA.

ABBIAMO DUE POSSIBI- LITÀ, ENTRAMBE RISCHIOSE. A POCHE CENTINAIA DI METRI DAL CAMPO NEMICO C'È UNA BARCA. LA VEDI?
SÌ, LA VEDO. SEMBRA PROPRIO FARE AL CASO NOSTRO!

OPPURE DOBBIA- MO ARRIVARE A GEMONA E INFILARCI SUL PRIMO TRENO IN PARTENZA, IN MODO DA AL- LONTANARCI IL PIÙ POSSIBILE DALLA ZONA DEI CRUCCHI.

SE ME POSSO PERMETTE', TENE', IO LA BAR- CA NUN LA STAREI MANCO A PENSA'. TROPPO FACILE, ME PUZZA DE 'MBOSCATA.

COME TI PERMETTI! TU, INSIGNIFICANTE SOT- TOSPECIE DI SOLDATO, COSA NE SAI TU DI STRATEGIA MILITARE?

LA- SCIALO PARLARE, CREDO ABBIA RAGIONE LUI.
LE SPONNE SO' PIENE DE CRUCCHI PRONTI AL TIRO A LI PICCIONI. MEJO SALÌ SUR TRENO, SIGNO'.

MA TU CHI SEI VERAMENTE?

ROMA, COMANDO DEI CARABINIERI. MAGGIO 1915.
EHI, TU! IL MARESCIALLO VUOLE VEDERTI SUBITO. ALZATI!

E SBRIGATE.
SBAM

BENE, MORETTI, VEDO CHE HAI UNA BELLA LISTA DI NOTE DI MERITO. E DEMERITO, NATURALMENTE! UBRIACHEZZA MOLESTA, RESISTENZA A PUBBLICO UFFICIALE, AGGRESSIONE, RISSA E RENITENZA ALLA LEVA. DAVVERO UN BEL CURRICULUM...

COME PUÒ UN UOMO DELLA TUA LODEVOLE ED EROICA ESPERIENZA ESSERE CADUTO COSÌ IN BASSO?

DECORATO AL VALORE NELLA CAMPAGNA DI LIBIA, TRE FERITE DI CUI UNA QUASI MORTALE, DECINE DI BATTAGLIE... EBBENE?
A MARESCIA', IO ME SO' PROPRIO ROTTO DE FA' LA GUERA, D'AMMAZZA' LA GENTE! ME N'È BASTATA UNA. PENSAVO CHE DOPO L'AFRICA ME NE SAREI POTUTO ANNA' ALL'AMERICA, IN PACE, E 'NVECE NO...

BRAVO, MORETTI, È PROPRIO COME DICI TU: E 'NVECE NO! PRIMA LI TURCHI E MÒ ORA TE TOCCA PARTI' PE' COMBATTE' LI CRUCCHI. OPPURE TE 'SPETTA 'NA BELLA FUCILAZIONE. FORZA, PORTATELO VIA.

FRUSH

!!

SZAK

BEN FATTO, SOLDATO. E ORA, SALTIAMO SU QUESTO TRENO.

BENE, CARLO, ADESSO DOBB... CARLO?!

CARLO! CHE FAI?

STAZIONE DI SIENA. SETTEMBRE 1917.
SCUSA, VIRGINIA. NON SO COSA VADA DETTO IN QUESTI CASI...

NON DEVI DIRE NIENTE.
VORREI SOLO CHE RESTASSI. IO LO SO CHE MI AMI, QUINDI PROMETTI CHE TORNERAI DA ME.

NON C'È ANGOLO O MOMENTO CHE NON MI RIPORTI ALLA MENTE SPIACEVOLI RICORDI...
CONTINUI A GUARDARE QUELL'OROLOGIO COME FOSSE UN BRUTTO INCUBO... BUTTALO VIA, TI PREGO CARLO, LIBERATENE!
AMMETTO DI AVERCI PENSATO, MA IO NON SONO MIGLIORE DI NESSUNO. TUTTI QUEI MORTI NON TI FANNO PENSARE?

IO L'HO VISTO CHI SEI, SO COME PROTEGGI MIO FRATELLO E, IMMAGINO, ANCHE I TUOI SOLDATI, IL RISPETTO E L'AMICIZIA CHE HAI PER LORO. PICCOLE COSE, MA ABBASTANZA PER UNA DONNA CHE OSSERVA ATTENTAMENTE...

IO NON HO CERTEZZE, MA SO CHE TROPPO SPESSO LA GENTE NON HA BEN CHIARO CIÒ CHE VUOLE E CIÒ CHE FA. E QUEL CHE DI CONSEGUENZA CREDE DI MERITARE. IO HO GRANDI PROGETTI PER NOI, CARLO!

DUNQUE TI ASPETTERÒ, VOGLIO CHE PENSI A QUESTO QUANDO SARAI AL FRONTE.
NEI PROSSIMI MESI VERRANNO UCCISI MOLTI UOMINI, E SARÒ STATO ANCHE IO. OPPURE UNA PALLOTTOLA PORRÀ FINE ALLA MIA VITA, TI È CHIARO QUESTO?

CERTAMENTE. ECCO, PRENDI QUESTO. SE NON ALTRO TI TERRÀ COMPAGNIA NEI MOMENTI DIFFICILI.

SE NON DOVESSIMO PIÙ RIVEDERCI, VOGLIO CHE TU SAPPIA CHE IN QUESTO TEMPO DI ORRORE, SIMILE A TANTI ALTRI, L'UNICA SORPRESA SEI STATA TU.

A TENE' ER TRENO STA PER PARTI'. ORA O MAI PIÙ.

TENENTE, ORDINI?
ASPETTIAMO.

SIGNORI, UN ATTI-MO DI ATTENZIONE, PER FAVORE.

CHI CI DÀ LA CACCIA PRESTO CI VERRÀ INCONTRO.
CI ASPETTANO PIÙ AVANTI.

C-COS...
ALLORA PERCHÉ DIAVOLO CI HAI FATTO SALIRE SU QUESTO DANNATO TRENO?

ALURA L'ERA MEJ LA BARCA, VERA SCIUR TENENT?
A DIR LA VERITÀ BASTA UN COJON, MA A DIR BUSIE GHE VOL UN BRICON...

AHO, E CHE VORRESTI DI'? CE L'HAI CON ME?
FINITELA, TUTTI QUANTI! QUESTA ERA LA MIGLIORE E UNICA SOLUZIONE. LA BARCA CI AVREBBE CONDOTTI TUTTI A MORTE CERTA.

E QUELLI CHE CI ASPETTANO PIÙ AVANTI ALLORA?

È SEMPLICE: SIAMO LONTANI DAL CAMPO NEMICO, QUANDO IL TRENO RALLENTERÀ VOI VI GETTERETE FUORI DAL VAGONE.

SEI FORSE IMPAZZITO, CARLO?
FIDATI, FRANCESCO. IO DEVO FARE IL MIO DOVERE: PROTEGGERE I MIEI SOLDATI. E NON SOLO.

TI AFFIDO QUESTE DUE LETTERE DI VITALE IMPORTANZA. LA PRIMA RIPORTA LE POSIZIONI DEI NEMICI, I LORO MOVIMENTI E LE ARMI IN DOTAZIONE. VA CONSEGNATA AL COMANDO GENERALE. LA SECONDA, INVECE, È PER TUA SORELLA. DILLE DI PERDONARMI...

TU... AVEVI PREVISTO TUTTO, VERO?
... SALTATE GIÙ DA QUESTO MALEDETTO TRENO.

NOMP

GRAZIE, CARLO, E BUONA FORTUNA.
ANCHE A TE, ORA VAI!

BOTTAN, SALTA GIÙ. O TI CI BUTTO IO CON UN CALCIO NEL CULO.

ESTATE 1905. CANALE BACCHIGLIONE.
SPLASH

BEPI, TE SI UN FIFÒN. PROA A SERCA' LA MAMA!

SPLASH

BÙTATE ANCA TI!
DAGHE, BEPI!

BEPI XE UN FIFON!
BEPI XE UN FIFON!

I POPULI SE 'MAZZA E I RE SE ABRAZA... VARA COSSA ME TOCA FAR!

UOOHH!

WOMP

BANG
BANG

BANG

STUMP

ANF...
ANF...

URGH...!

...

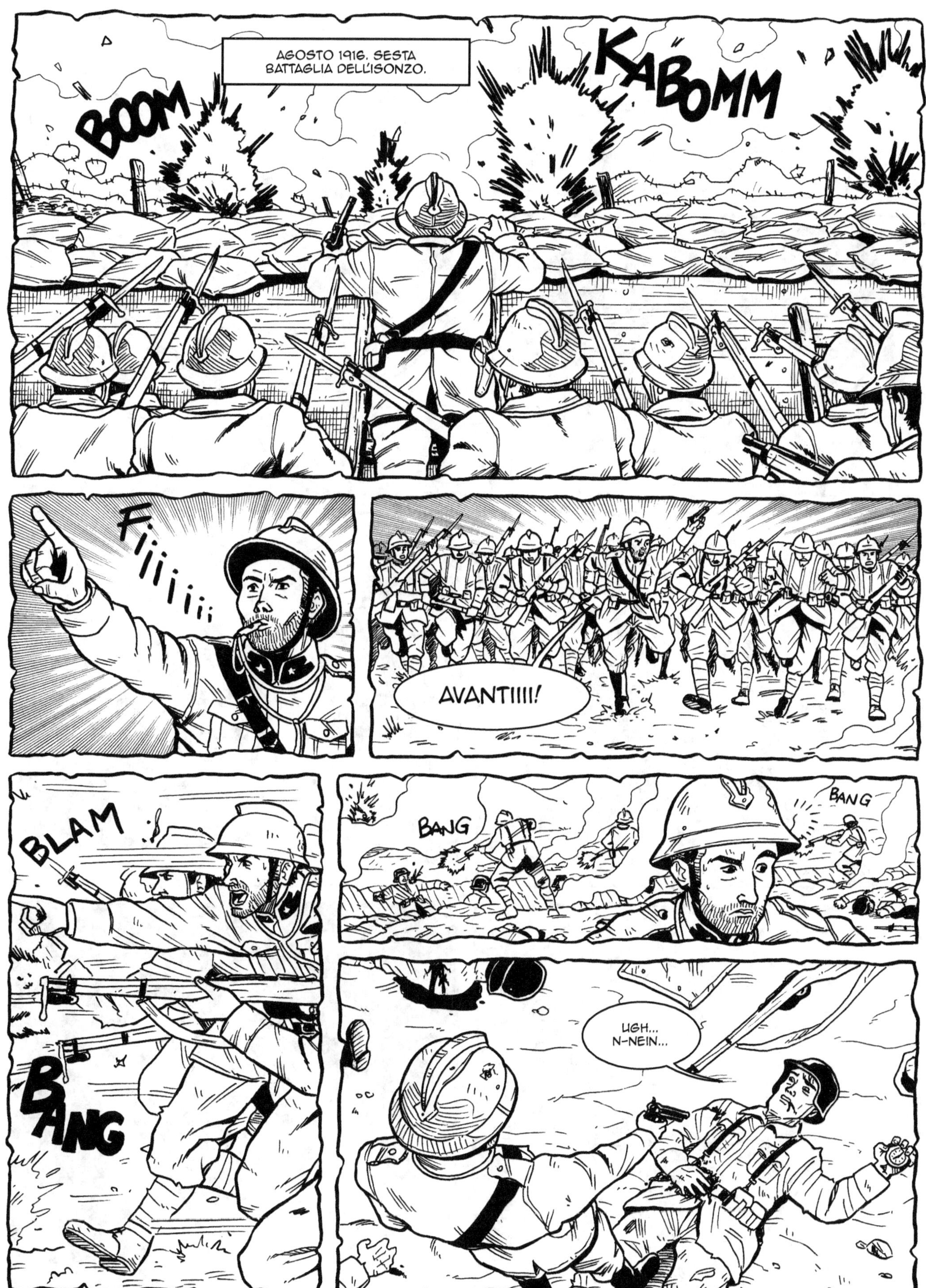

AGOSTO 1916. SESTA BATTAGLIA DELL'ISONZO.
BOOM
KABOMM
BOOM
Fiiiiiii
AVANTIIIII!
BLAM
BANG
BANG
BANG
UGH... N-NEIN...

BI-BITTE...
TENENTE FRANZOSI, NON SIAMO A UNA FESTA DI BENE-FICIENZA. SIAMO QUI PER UCCIDE-RE I CRUCCHI, SE LO RICORDA QUESTO?

CERTO, CAPITA-NO, ME LO RICORDO BENE.
FANTASTICO. POI VENGA A RAPPORTO DA ME, GRAZIE.

AGLI ORDINI, CAPITANO.

MH?
FRUSH

ARGH...

B-BASTARDO ITALIANEN...

NON SO SE MI CAPISCI, MA... VAI, SCAPPA PRIMA CHE TI VEDANO. NON DEVI MORIRE PER FORZA OGGI...

A-ALT! TORNA QUI, FERMARE HO DETTO!

FRATELLO MIO... NO...

NON TI PERDONERÒ MAI, MALEDETTO ITALIANO! ME LA PAGHERAI CARA!

BENE, TU ESSERE IN POSTO GIUSTO PER MORIRE...

CERCAVI ME, SEI VENUTO PER QUESTO, VERO? P-PER QUEL CHE VALE, SAPPI CHE NON HO UCCISO IO QUEL TENENTE...

NEIN. TU SBAGLIA.

POFERO ILLUSO, TU PENSA DI SACRIFICARE PER SALFARE TUOI AMICI, AH? QVESTI TRUCCHI NON FUNZIONARE CON ME.
TU PENSA CHE IO NON FISTO LORO SALTARE DA TRENO? IO CERCARE E SEGUIRE LORO FINO A INFERNO!

EH-EH, CAPISCO... ALLORA CHE NE DICI DI QUES'ALTRO TRUCCHETTO?

!!
N-NEIN! FERMO, STUPIDO ITALIANEN!

C-CI VEDIAMO ALL'INFERNO, CARO CRUCCO!
FFSSH
SBRAAMM

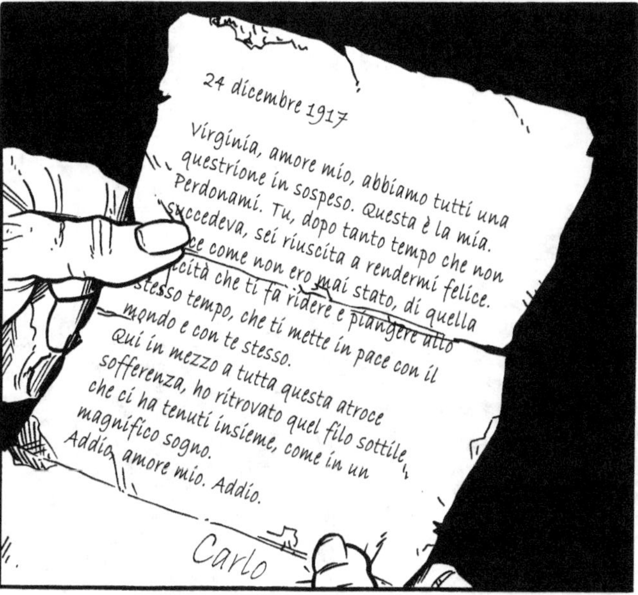

24 dicembre 1917

Virginia, amore mio, abbiamo tutti una questione in sospeso. Questa è la mia. Perdonami. Tu, dopo tanto tempo che non succedeva, sei riuscita a rendermi felice. Felice come non ero mai stato, di quella felicità che ti fa ridere e piangere allo stesso tempo, che ti mette in pace con il mondo e con te stesso.

Qui in mezzo a tutta questa atroce sofferenza, ho ritrovato quel filo sottile, che ci ha tenuti insieme, come in un magnifico sogno.

Addio, amore mio. Addio.

Carlo

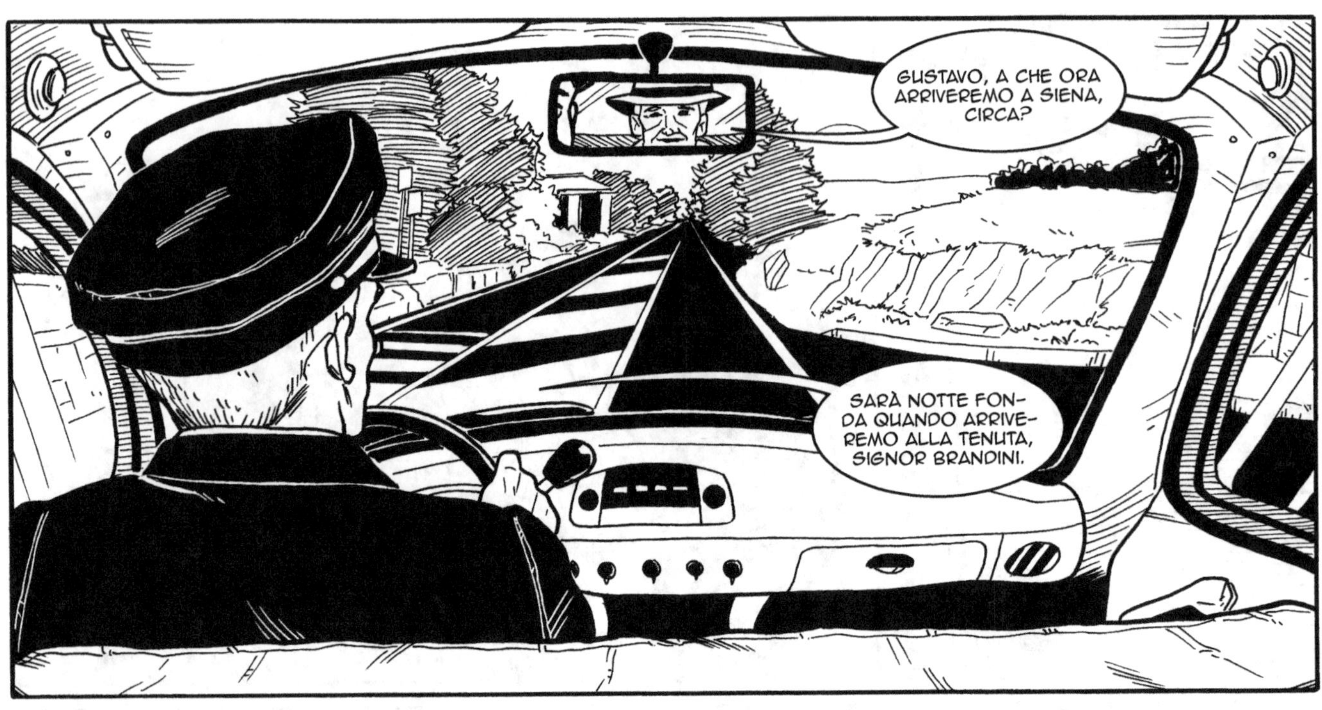

GUSTAVO, A CHE ORA ARRIVEREMO A SIENA, CIRCA?
SARÀ NOTTE FONDA QUANDO ARRIVEREMO ALLA TENUTA, SIGNOR BRANDINI.

BENE. TORNIAMO A CASA.

IL LORO SACRIFICIO NON FU VANO E ORA, NE SONO CERTO, TUTTI INSIEME CANTANO "SIGNORE DELLE CIME".
FINE

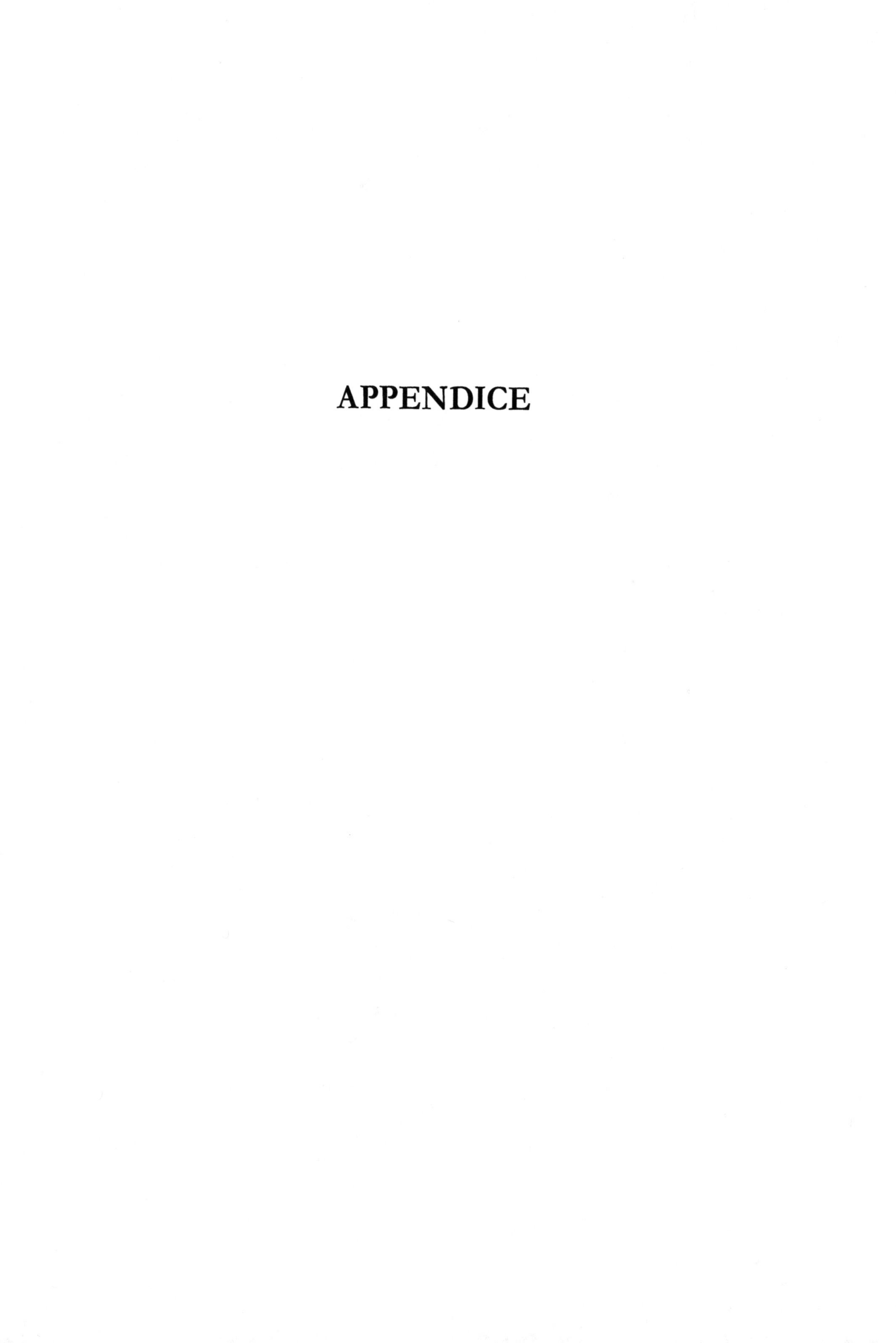

APPENDICE

DALLE FIANDRE A CAPORETTO:
DUE STORIE DI GUERRA TRA MITO E ANTIMITO

di FRANCO RAGNI *

Singolari questi racconti che guardano con documentata curiosità alla storia e alla tragedia di quella *Grande Guerra* i cui effetti nefasti si perpetuano in parte ancora oggi sugli assetti politici, economici e sociali internazionali. Tema non superato perciò, quello della Prima guerra mondiale, ma ovviamente la chiave di lettura di questi intriganti racconti è riferita a eventi puntuali nei quali la realtà storica incrocia disavventure personali di *realistica fantasia*.

È un merito non da poco oggi – epoca in cui anche a livello di pubblica istruzione la *storia*, come la *geografia* peraltro, sono materie di studio ostracizzate – proporre *a fumetti* temi di questo tipo, a contrasto di un'ignoranza che sappiamo diffusissima.

Gli scenari nei quali i protagonisti delle due storie si muovono, sono entrambi assurti alla dimensione mitica: Azincourt-Mons in un caso e Caporetto nell'altro. Due miti costruiti mediaticamente con criteri diversi, benché entrambi aventi come punto di partenza storica una sconfitta: positivo l'uno – quello britannico – e negativo l'altro – quello italiano –, ma a questo punto chiariamo, anche se può apparire fuorviante, il perché di questa differente lettura che chi scrive ritiene degna di un piccolo inciso.

Credo infatti siano da chiamare in causa i caratteri nazionali. Cominciamo dagli inglesi, protagonisti di *Mons 1914,* tutto opera di Alessandro Gangarella, dal concepimento della storia alla sua stesura, testo e disegni. *Maestri del mito,* i britannici – e gli anglosassoni in genere –, hanno la straordinaria capacità di creare epopee su tutto quanto li riguarda, anche – addirittura – in caso di

fallimenti e insuccessi viziati da insipienza e leggerezza. Non mancano in ciò gli esempi, e citiamo a caso *la carica dei seicento,* come *l'affondamento del Titanic* o *la disfatta di Dunkerque.*

Tutto il contrario invece per la disfatta di Caporetto, che fa da sfondo a *Soldati alle armi,* disegnato ancora da Gangarella ma su soggetto e sceneggiatura di Marcello Fiorentino. Vicenda drammatica, dolorosa, ma consegnata a una sorta di *damnatio memoriae* ben al di là di ogni considerazione pur negativa e di responsabilità più o meno illustri, secondo un consolidato costume, non certo di stile anglosassone, che tende a risolvere tutto in chiave di critica esclusivamente colpevolizzante.

Ma i nostri autori sono innocenti, tanto più che il primo racconto si occupa di una *vittoria-mancata sconfitta* da parte britannica (Azincourt-Mons) e il secondo considera la tragedia di Caporetto solo quale fondale scenico neutro.

Mons 1914 prende le mosse dalla vittoriosa battaglia di Azincourt del 25 ottobre 1415, entrata con grande enfasi nella mitologia guerresca britannica. C'è un nesso tra 1415 e 1914, e Alessandro Gangarella l'ha colto in modo intelligente e interessante nello svolgimento di questa storia centrata sulla vita – frequenti i rimandi temporali – di un giovane militare inglese, suo malgrado protagonista di quelle sconvolgenti prime settimane di guerra nelle trincee delle Fiandre.

Ad Azincourt gli arcieri inglesi erano passati alla storia grazie ai loro grandi archi, i *longbow,* armi che necessitavano di notevole forza e addestramento intenso, ma che

per potenza e potere perforante non temevano confronti, conservando inoltre una buona celerità di tiro. A quegli archi fu attribuito il miracolo della disfatta inferta dagli inglesi di Enrico V al più numeroso esercito francese di Carlo VI. Nella realtà incisero anche altri fattori, ma la leggenda era nata, e il *longbow* è assurto al valore di simbolo del valore britannico, come nel caso della *katana* in Giappone.

È, questa, la premessa per un salto di mezzo millennio fino al 23 agosto 1914 a Mons, nelle Fiandre, e alle vicende del soldato inglese – ideato da Gangarella ispirandosi a una figura reale di quel giorno –, uomo della *British Expeditionary Force* impegnata coi francesi a contenere l'abile offensiva tedesca volta a vincere rapidamente arrivando a Parigi. Non fu così facile, come si sa, e a Mons gli inglesi si batterono bene, pur al prezzo di gravi perdite; poi dovettero ripiegare e alla fine si salvarono da un accerchiamento che ormai sembrava scontato.

Tutto qui? No: un fantasioso giornalista britannico del *The Evening News* inventò testimonianze su una miracolosa apparizione dei fantasmi degli arcieri di Azincourt accorsi a contrasto del nemico con soprannaturali frecce. Era una bufala colossale che in pieno XX secolo non avrebbe avuto alcun senso ovunque, ma non in Gran Bretagna, dove la pazzesca "notizia" fu cavalcata accortamente dai servizi di propaganda con contributi anche dai cappellani militari anglicani. E non basta: ogni tanto la leggenda degli spettri di Mons riaffiora ancora oggi.

Anche Alessandro Gangarella qui riprende efficacemente questa storia, ma non bara; ne prende ovviamente atto e poi ricorre alle "licenze fumettistiche" d'uso sulle vicende del protagonista, il simpatico soldatino inglese.

E veniamo a *Soldati alle armi*, ambientato sul fronte italiano tra 1917 e 1918, nel quale l'introduzione non è, come in *Mons 1914,* collocata nel passato, bensì nel futuro – non lontanissimo peraltro: 1961 –, al sacrario di Redipuglia. Il racconto poi prende le mosse, come già anticipato, dalla disfatta di Caporetto e vede coinvolto un reparto di bersaglieri schierato a Stupizza, ai piedi del

monte Matajur, colto all'improvviso, il 24 ottobre 1917, dalla fulminea offensiva austro-tedesca. Anche qui diversi rimandi tra presente e passato chiariscono gradualmente successione e motivazione degli eventi drammatici e tragici che portano alla salvezza di uno sparuto gruppo di militari, sfuggiti alla cattura e diretti al rientro nelle proprie linee, che dopo il grande ripiegamento si erano stabilizzate sul Piave.

Non mancano inutili crudeltà da entrambe le parti; crudeltà alle quali s'indovina legato il motivo della caccia spietata che un ufficiale nemico dà al giovane tenente che guida nella fuga il piccolo gruppo di militari italiani.

Come in ogni storia di guerra, s'incrociano nei personaggi sentimenti contrastanti, dai migliori ai peggiori, fino all'epilogo, con la cattura e la morte del giovane ufficiale italiano che però riesce a trascinare con sé, nella sua stessa tragica sorte, l'ufficiale austriaco deciso a fargli pagare – immeritatamente, per un tragico equivoco – l'uccisione proditoria del proprio fratello, uccisione avvenuta per altra mano.

Per concludere: due opere prime, due esordi positivi e molto interessanti per scelta dei temi e qualità delle storie. Attendiamo Gangarella e Fiorentino a future prove che certamente non mancheranno, a nobilitare quel mondo del fumetto che dall'epoca della nostra infanzia – ho una carta d'identità "pesante", lo si è capito – si è modificato non poco, ma che continua a coinvolgerci e a intrigarci non solo sul piano della sterile nostalgia, ma anche su quello dell'approccio curioso alle novità, così bene incarnate dalle *matite giovani* (e dalle *penne giovani!*). Come queste.

ANDANDO PIANO PER ANDARE LONTANO, VELOCEMENTE

di GIUSEPPE FESTINO *

Recita una battuta attribuita a un critico letterario: «Non leggo mai un libro prima di darne un'opinione, così nessuno potrà accusarmi d'essere prevenuto». Nel mio caso parrebbe stia accadendo proprio questo. Scherzi a parte, nella fattispecie, visto il caso in oggetto, non essendo un critico per professione né, tantomeno, un esegeta del fumetto, ma un semplice fruitore di questi, la situazione in qualche modo forse è un po' la medesima.

Non conosco personalmente gli autori, ma il mio mestiere di illustratore, estimatore del buon disegno, dei fumetti e dei modi altrettanto validi per raccontarli, mi permette di esprimere un'opinione su quanto è stato scritto e disegnato; per sommi capi, non temete, altrimenti occorrerebbe ben altro che lo spazio concessomi.

È del tutto evidente che Alessandro Gangarella sia interessato a quella che in gergo tecnico viene definita *linea chiara* e che voglia proseguire in questa direzione. Alessandro è sulla scia di altri disegnatori che apprezzo, tra i tanti che ho ammirato e che hanno preceduto queste ultime, giovanissime, leve. Penso a Foster, Hogart, Caprioli, Paparella, Caesar, Tacconi, Jordan, Manara, Hergè, Moebius, Cadelo, Stano, Zuccheri e, in modo speciale, Giardino. Qui sto elencando nomi che occupano un posto di rilievo nell'empireo dell'arte fumettistica, un posto che non esclude firme altrettanto importanti, ma che non hanno scelto la linea autenticamente pulita, quali Alex Raymond, John Prentice, Al Williamson, Neal Adams, Leonard Starr, Graham Ingels, Frank Hampson, Ralph Bellamy, Gianni De Luca, Alberto Breccia, Sergio Toppi, Aldo Di Gennaro, Paolo Eleuteri Serpieri, Nicola Mari, Richard Corben, Esteban Maroto, Berni Wrightson, Claudio Villa, Max Bertolini, Corrado Mastantuono, Giuseppe Palumbo e, con un bel salto in avanti nel tempo, Simone Bianchi e Riccardo Federici. Adesso mi interrompo, consapevole di averne trascurati tanti altri, e che si potrebbe andare avanti per un pezzo.

Non mi soffermo sui contenuti delle storie, rimandando in questo al contributo di Franco Ragni presente in questo volume, ma mi preme rilevare come sia singolare che un autore giovane tenti il recupero di una vicenda del passato, mentre la generalità dei suoi coetanei – le ultime leve in campo grafico-artistico, diciamo – sono portati a liberare la fantasia tra supereroi e storie demenziali o immaginando futuri apocalittici.

È ben vero però che quando si sbircia tra le pieghe degli accadimenti bellici e le tragedie che questi comportano, ci si può immedesimare in quell'esperienza, anche se limitata al singolo, scoprendo un universo di avventure drammatiche e di situazioni emozionali che meritano di venire espresse e su cui sarebbe opportuno riflettere per evitare che il passato possa tornare come presente.

Con un tratto grafico chiaro, pulito, privo di sbavature, Gangarella riesce a dare visibilità e credibilità a una narrazione di fatti che, pur limitandosi al racconto di singoli episodi, è in grado di ricreare il *pathos* necessario a comprendere ciò che avviene, in termini di dramma umano, in un contesto conflittuale. L'ha fatto senza scomodare un futuro prossimo venturo, chissà perché foriero da un po' di tempo a questa parte di tragedie, stragi, genocidi, massacri, apocalissi atomiche, tracolli ecologici e conflitti interplanetari; come se di fatti terribili e, purtroppo, autentici nel passato non ne siano avvenuti già abbastanza.

Che altro dire? Aggiungere che Gangarella perfezionerà il suo modo di lavorare è pleonastico: sarà il tempo e la passione che lo muove, la volontà e l'interesse che lo hanno portato in questo campo, a fare il resto. La costruzione delle sue vignette evidenzia che non sta rifacendosi ad alcunché di fotografico. Si è impossessato dell'attrezzatura necessaria per costruire figure e oggetti senza arrivare a copiarli direttamente, ma interpretandoli con un suo personale stile, come hanno fatto altri prima di lui. Valga per tutti il metodo di lavoro di Roberto Bonadimani, un appassionato di fantascienza come me. Roberto mi raccontava di riconoscere benissimo i propri limiti grafici, e di questo ne ha fatto tesoro, strumentalizzandoli per ottenere qualcosa di particolare, un segno che contraddistingua il proprio lavoro. Analogamente, questo lo si potrebbe dire anche per il fumetto di Crepax, di come stilizzava la figura – aveva scelto quella nuda, in prevalenza, maschile o femminile che fosse, puntando evidentemente sull'erotismo – e della riconoscibilità che ne otteneva, riconducibile soltanto a lui, anche se non si fosse firmato. Il successo ottenuto in vita con le sue storie, e che prosegue negli anni oltre la sua scomparsa attraverso mostre retrospettive e ristampe dei suoi racconti, sta a dimostrarci quanto il pubblico lo apprezzi, nonostante Karel Thole l'abbia criticato amabilmente, affermando che il "papà" di Valentina non sapeva disegnare.

Non ci resta dunque che aspettare ciò che farà Alessandro evolvendosi nel proprio prosieguo artistico, già ora meritevole di apparire, se esistesse ancora, sulle pagine di un *Vittorioso* contemporaneo. Gli auguriamo di cuore che questo possa avvenire, per lui e per noi.

E PER FINIRE... *grazie*

Ogni libro pubblicato deve qualcosa alle tante persone che, a vario titolo, ne hanno reso possibile la sua realizzazione in un percorso progettuale che non sempre si rivela lineare quanto si vorrebbe. Questa opera non fa eccezione.

Con la pubblicazione di questo libro si conclude un progetto che, quando nel 2014 il professore Riccardo Merlante mi chiese di pensare a una storia a fumetti sugli angeli di Mons, non avevo idea di cosa sarebbe diventato e di quanto mi avrebbe impegnato fisicamente e psicologicamente.

Ringrazio Marcello Fiorentino per l'impegno, la passione e l'aiuto che mi ha dato, "tirando fuori dal nulla" una seconda storia quando io ormai non sapevo più che pesci pigliare.

Ringrazio mia moglie per la sua pazienza e tutti gli altri che mi hanno incoraggiato e sopportato nella realizzazione di questo progetto che, pur nel suo piccolo, nel bene e nel male, fra alti e bassi, mi ha accompagnato per 5 anni della mia vita.

Dedicato alla memoria di Sandra: il tuo ottimismo e la tua inopinata fiducia nelle mie capacità mi hanno aiutato a non mollare in quei momenti di sconforto nei quali il buonsenso suggeriva di lasciar perdere tutto. Anche se, come mio papà, non hai potuto assistere all'uscita del mio primo fumetto, sono sicuro che sareste stati i miei più grandi fan.

Alessandro Gangarella

Per il grande supporto fornitomi nella ricostruzione storica e militare desidero ringraziare il bersagliere 1° maresciallo luogotenente Giuseppe Silvia. I suoi libri e manuali, l'esperienza sul campo, mi hanno condotto a un forte coinvolgimento emotivo per cercare di onorare al meglio, attraverso la mia storia, i caduti della Grande Guerra.

Marcello Fiorentino

Grazie infine all'Associazione Amici del Vittorioso, e in particolare al suo presidente Vito Mastrorocco, per aver creduto in questo progetto e per averlo sostenuto con entusiasmo e ai soci Franco Ragni e Giuseppe Festino per aver con generosità collaborato a questo libro arricchendolo con i contributi critici pubblicati in appendice.

gli autori e l'editore

FESTINA LENTE

Otto storie di 8 persone tra loro completamente diverse, le storie di 8 ragazzini poeticamente tratteggiate nel momento in cui ancora non sanno cosa ne sarà della loro vita ma che, per quelle strane combinazioni che talvolta definiamo fato, caso o provvidenza, messi di fronte alla realtà dei fatti, intuiscono quello che sarà il loro destino. C'è però un denominatore comune in queste storie: ognuno di loro saprà distinguersi e diventare "qualcuno". Nonostante la giovane età, infatti, in loro c'è già il germe del loro talento, quel talento che, una volta avutane consapevolezza e coltivatolo, li farà emergere e diventare dei modelli di riferimento. Per questo, come recita il titolo, ognuno di loro è un piccolo grande uomo.

Gigitex è un fumetto umoristico che nel west non esita a riproporre, trasfigurato, il "mondo piccolo" di certa provincia italiana con le sue figure tipiche.

È dunque un west scanzonato e molto italiano quello in cui si sviluppano le gag e le avventure eroicomiche di Gigitex, il biondo pistolero dal cuore d'oro e dalla fama sovente sopravvalutata, e quelle oniriche del suo abbondante e ingombrante alter-ego Gigifat.

Oltre 200 pagine di humour frizzante, una manna per i nostalgici che l'hanno letto e apprezzato negli anni Settanta-Ottanta e una fresca proposta da gustare tutta d'un fiato per i ragazzi d'oggi.

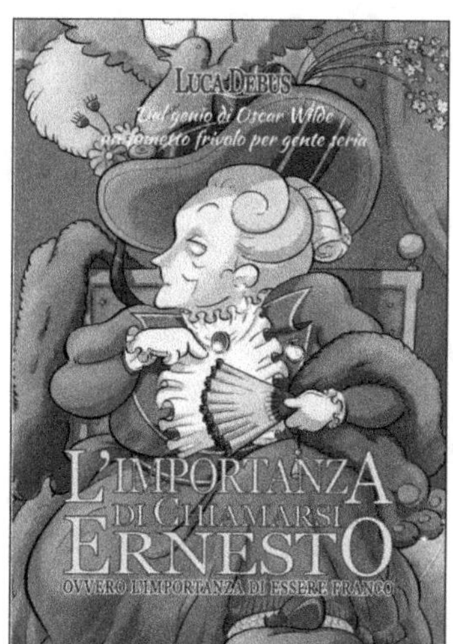

L'Inghilterra delle buone maniere e dell'alta società mirabilmente tratteggiata da Oscar Wilde riprende vita in un dedalo di equivoci e deliziose contraddizioni.

Amori, bugie, situazioni ai limiti dell'assurdo e improbabili cappellini faranno capire all'accorto lettore che davvero non c'è nulla di più bello ed essenziale al mondo dell'importanza di essere franco.

La commedia più celebre e brillante di Oscar Wilde qui si fa fumetto, adottando e facendo propria la tradizionale scansione in quattro tempi delle gag tipica delle grandi strisce umoristiche americane.

Ogni quattro vignette, striscia dopo striscia, il lettore verrà accompagnato verso lo scioglimento della trama, senza tuttavia tradire la consueta battuta che la conclusione di ogni striscia esige, ritmando così le vicende della nota commedia in un crescendo di risate e colpi di scena.

Una serie di strisce autoconclusive raccontano la dura vita degli studenti in classe (ma anche degli insegnanti). Soprattutto la vita di Ryan, uno più abili nel sottrarsi alle responsabilità, e quella della Profe, una delle insegnanti più determinate a far sì che Ryan si trasformi in uno scolaro modello.

E se pure si tratta di strisce autoconclusive, raccontano anche una storia: la storia di un lungo anno scolastico fino al colpo di scena finale: Ryan sarà promosso o bocciato?

Finito di stampare nel mese di luglio 2019
da Rotomail Italia S.p.A.
Printed in Italy